安阳师范学院甲骨文研究院

甲骨学与殷商文化研究丛书

郭旭东 ◎ 主编

甲骨卜辞菁华

梦幻篇

张秋芳 ◎ 著

文物出版社

图书在版编目（CIP）数据

甲骨卜辞菁华 . 梦幻篇 / 张秋芳著 . -- 北京：
文物出版社，2023.8
ISBN 978-7-5010-7356-6

Ⅰ . ①甲…　Ⅱ . ①张…　Ⅲ . ①甲骨文—研究　Ⅳ .
① K877.14

中国版本图书馆 CIP 数据核字（2022）第 001341 号

甲骨卜辞菁华·梦幻篇

著　　者：张秋芳

责任编辑：安艳娇
装帧设计：谭德毅
责任印制：张道奇

出版发行：文物出版社
社　　址：北京市东城区东直门内北小街 2 号楼
邮政编码：100007
网　　址：http:// www.wenwu.com
经　　销：新华书店
印　　刷：宝蕾元仁浩（天津）印刷有限公司
开　　本：710mm×1000mm　1/16
印　　张：7.5
版　　次：2023 年 8 月第 1 版
印　　次：2023 年 8 月第 1 次印刷
书　　号：ISBN 978-7-5010-7356-6
定　　价：48.00 元

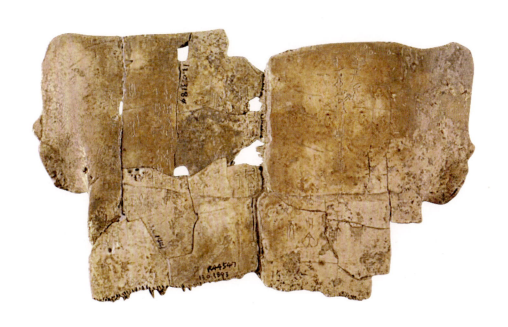

"自祖庚至于父戊"卜辞（《甲骨文合集》22187）

"𠀐"卜辞（《甲骨文合集》6948 正）

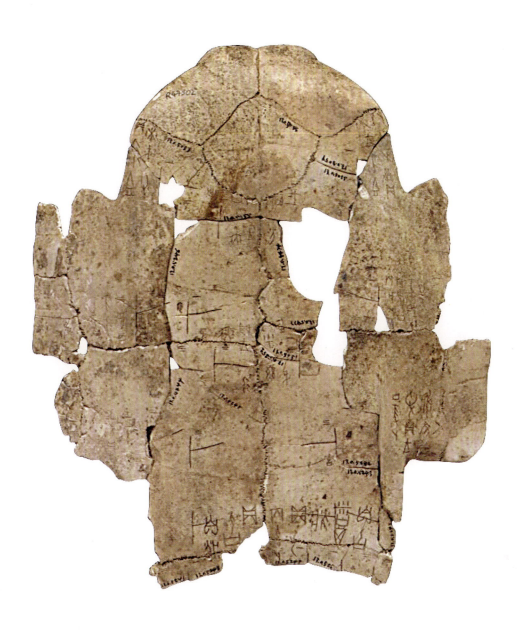

"齿"卜辞（《甲骨文合集》11006 正）

"𠂤" 卜辞（《甲骨文合集》17446）

"蛊"卜辞（《甲骨文合集》1027 正）

"鬼梦告于妣庚"卜辞(《殷虚花园庄东地甲骨》352)

凡 例

一、"甲骨卜辞菁华"丛书包括商王名号篇、军制篇、战争篇、气象篇、祈年篇、天神篇、梦幻篇、风俗篇、书法篇九册。每册书名采用"甲骨卜辞菁华·某某篇"形式。

二、本丛书所收录甲骨片皆精选内容重要、片形较为完整、字迹较为清晰的甲骨拓片。个别片于书前附其彩图，部分片采用缀合后的拓片。拓片图为单辞条者，一般在前给出能看清刻辞的图版；而多辞条选取一二且不易区分者，前放局部以便分辨刻辞，后放整体以见整片全貌。

三、每片甲骨由整理者根据卜辞主旨拟定名称，具体格式为"某某"卜辞。

四、注释部分由释文、拓片信息、辞语解析及卜辞大意组成。其中，释文以竖排简体形式列于篇名之侧；拓片信息简略介绍所选甲骨片的分期、拓片来源；辞语解析以条目形式，对释文中的重点字词、语法特征及重要历史人物、典章制度等进行简略注释；卜辞大意则是阐述所选相关卜辞的主旨大意，部分卜辞附有相关背景知识的介绍。

五、释文加现代标点，以保证文本的可读性。卜辞中的常见字原则上使用简体中文；部分罕见字为保持原字形架构使用繁体字；而难以隶定之字，则采用原甲骨字形标示。

六、对于原甲骨片中字迹磨灭、缺失及模糊难以隶定的情况，释文中以一"□"标示一字，以"……"标示字数不确定。凡残缺但能据上下文意补定之字，在补定的文字外加"[ ]"标示。

七、为了方便阅读，原甲骨片中的古今字、异体字、通假字，皆随释文直接写成今字、本字，不再另加标示符号，直接在注释中加以说明。

八、丛书所选刻辞甲骨分别采自《甲骨文合集》《小屯南地甲骨》《殷墟花园庄东地甲骨》与《小屯村中村南甲骨》等，正文中多用著录简称，每册后则附录有"甲骨文著录简称与全称对照"表。

九、丛书甲骨文分期采用董作宾的五期断代法，具体如下：第一期，商王武丁及其以前（盘庚、小辛、小乙）；第二期，商王祖庚、祖甲；第三期，商王廪辛、康丁；第四期，商王武乙、文丁；第五期，商王帝乙、帝辛。

十、本书的"辞语解析"部分中参考和选用了已有的甲骨学研究成果，为保持版面美观而不随行文注明，以"参考文献"的形式附录于书后。

前　言

在传统认识中，梦最早可追溯到西周早期的周公。自19世纪末以来出土的甲骨卜辞，使我们对梦的认识，由西周早期上推到了商晚期。从甲骨卜辞对梦的记载可知，占梦是国家决定重大事件的主要方式之一，也是上层统治者政治运作的重要手段。可见，梦在商晚期社会中占有重要的地位。

最早对甲骨卜辞中梦象进行分类的学者当属丁山。丁山将梦象分为三类：一、事物；二、人；三、不记事物。继丁山之后，胡厚宣根据卜辞所载梦象，将梦分为五类，分别是：人物、走兽、天象、行举、鬼怪。宋镇豪在研究卜辞中的梦时，没有明确提出梦的分类，而是将其与梦景、梦象放在一起来研究。笔者按照宋先生的思路，将其所研究的卜辞中的梦大致归纳为六类，这六类分别是：气候、行止、祭品或器物、祭祀仪式、疾病、人物。

为了便于研究，笔者以上述学者对卜辞中梦象的分类为参照，将王卜辞中的梦象分为九个类型，分别是人物类、自然现象类、行为动作类、实物类、疾病类、灾异类、野兽飞禽类、鬼梦类、其他类。非王卜辞中梦象共分为五类，这五类分别是人物类、禳梦类、鬼梦类、不可识字类、其他类。

王卜辞中梦的占卜主体是王。这些王卜辞中的梦反映了商代社会各方面的情况。政治方面：王权集中的程度不高，王对臣的依赖很重，尤其是身边近臣；从武丁到帝辛，奴隶暴动一直存在，成为导致商灭亡的内在原因之一；战争发生的频率很高。信仰方面：祖先、已故先人以及鬼是导致商王日常做梦的原因之一；鬼与殷人崇拜的祖先神是一体的，作为祖先神代称的"鬼"，其作用不仅是保佑王，也降灾祸于王。生活方面：商代晚期妻妾贵贱之分的观念尚处于萌芽状态；当时人们对疾病种类的划分已很精细；饮食结构不合理，生活水平、医疗水平落后。祭祀方面：商晚期举行祭祀的种类有御祭、舌祭、雍祭、鼓祭等多种类型；丁人可能是举行人祭时所用人牲来源之一；殷人具有强烈的宝玉观念，对玉的使用极其讲究，可能存在用玉祭天的情况。农牧业方面：商晚期已拥有较丰富的农作物种类；畜牧业、家畜业已具备了较高的水平，且物种较齐全。心理方面：商人不仅有凶梦，还有吉梦，并且吉梦观逐渐趋于成熟；当时梦作为一种潜意识已经表现出与身体感官变化之间的密切关系。

非王卜辞中梦的占卜主体是子。这些非王卜辞中的梦反映了商晚期贵族阶层的社会生活状况。人物关系方面：经常出现在子梦境中的祖先多为其直系祖先，很少有王的祖先；"丁"可能为武丁，也有可能为死去的丁，与子可能是父子关系；妣庚和子可能是祖孙关系等。祭祀方面："告梦"是子十分注重的一种祭祀仪式，在非王卜辞的梦卜辞中，告梦占有很大的比例。信仰方面：子认为鬼是自己祖先的化身，认为鬼梦带来灾祸，所以举行禳梦仪式，以求保佑。

王与非王卜辞中的梦及其反映的问题存在诸多相同点，也有很多不同点，但无论相同方面，还是不同方面，都使我们对于商晚期社会状况与思想的认识，较之前人更深入了一步。

目 录

一　人物类梦象

『祖乙』卜辞

1 己丑卜，㱿贞：王梦，惟祖乙？

2 贞，王梦，不惟祖乙？

2   1

第一期

《甲骨文合集》776正

辞语解析

1. 㱿，字作"㱿""㱿"等形，商代贞人的名字，武丁时代的重臣，那时的国家大事，多数由贞人㱿代王占卜，尤其是征伐之卜，多出㱿手。

2. 祖乙，字作"㐘"形，武丁往上数到祖乙是第四代，祖乙正好是称祖的第一位祖先，同时他们在继承方式上又是父终子继的关系，即当代人类学所说的直系关系（商代早期王位继承方式多为兄终弟继，武丁之后逐渐改为父终子继）。此外，祖乙是一位颇有作为的帝王，从卜辞所揭示的情况看，祖乙受尊重的程度不亚于成汤，到目前为止，卜辞中有关他的记载多达九百多条。据此笔者推测，祖乙是武丁时期非常重要的一位祖先，经常通过梦传递一些重要的信息来影响王的行为。笔者按：书中探讨的所有王卜辞中的梦，除个别外，均出自于一期卜辞。关于一期卜辞中的王，当前学术界多认为是武丁，本文采纳的便是此观点。

卜辞大意

这是一条关于梦象为祖乙的卜辞。大意是，己丑日，商王做梦，由一位名叫殻的贞人给占卜，1辞从正面贞问："王做梦是因为先人祖乙吗？"2辞又从反面卜问："王做梦不是因为先人祖乙吗？"

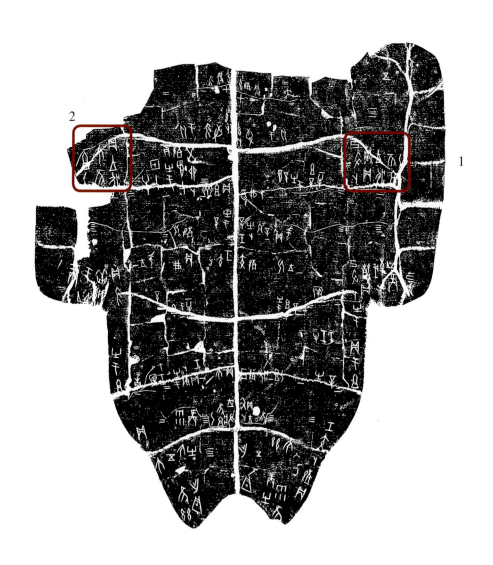

『父乙』卜辞

贞：妇好梦，不惟父乙？

第一期

《甲骨文合集》201正

辞语解析

1. 妇好，妇字作"🐷"形，好字作"🍼"形，商王武丁的妻子，曾多次率兵出征，战功赫赫，深得武丁的宠爱和臣民的敬仰。除带兵作战外，妇好还主持过各种类型和不同名目的祭祀、占卜活动。妇好去世后，武丁追谥为"辛"，"后"是武丁之子对妇好的尊称。商朝的后人们尊称她为"母辛""后母辛"。武丁时期的甲骨卜辞中关于"妇好"的记载较多，仅《甲骨文合集》一书就收录有200多条，涉及范围较广，包括卜问妇好征集兵员、参与征战、主持祭祀等。如"辛巳卜，争贞：今者王共人呼妇〔好〕伐土方受出（有）又（祐）。五月。（'好'字缺刻）"（《合集》6412），"辛未卜，争贞：妇好其从沚𬌗伐巴方，王自东𤰔伐戎，陷于妇好立（位）。"（《合集》6480），另有商王武丁卜问妇好生育、疾病等内容。

2. 父乙，字作"🚶"形，在梦象为已故先人的卜辞中，共出现4次，是武丁时期卜辞中的重要称谓，因而会经常出现在王的梦中。出现次数最多的父乙，按殷王世系表推算，应为武丁生父小乙，其作为王的生父，经常出现在王的梦中，当在常理之中。

卜辞大意

    这是一条关于梦者为妇好，梦象为父乙的卜辞。大意是，王占卜："妇好做了一个梦，不是因为父乙的原因吧？"

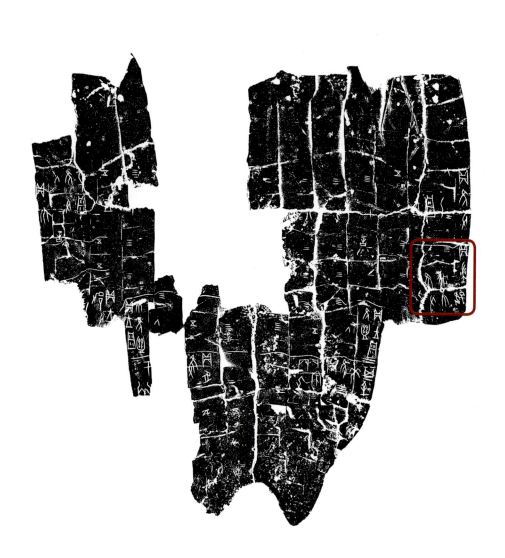

『兄丁』卜辞

1 □寅卜，㱿贞：王梦兄丁，惟祸？

2 贞：王梦兄丁，不惟祸？

2   1

第一期

《甲骨文合集》892正

辞语解析

1. 兄丁，暂无法确认具体身份，但可以确定的是兄丁是武丁时期卜辞中的重要称谓，因而常出现在商王梦里也在情理之中。

卜辞大意

    这是一条梦象为兄丁的对贞卜辞。大意是，某寅的一天，贞人㱿给王占卜，先从正面贞问："王梦见兄丁，有祸吗？"又从反面卜问："王梦见兄丁，无祸吗？"

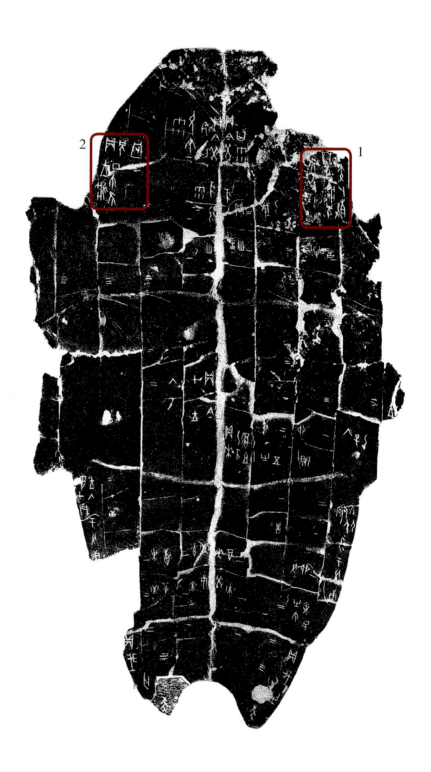

『兄戊』卜辞

辛未卜，殻贞：王梦兄戊何从，不惟祸？四月。

第一期
《甲骨文合集》17378

辞语解析

1. 兄戊，意义同前述兄丁，此处不再赘述。

2. 何，字作"𠦜""𠂤"等形，象人荷戈之形，为荷儋字初文。《说文》："何，儋也，从人，可声。"何在卜辞中大致有三种释义：一、贞人名。二、人名。三、方国名。从，从二𠂉人，象二人相随形，或从三人，同。会随行之义。在卜辞中常用的释义有：使随行也；自也，由也。根据卜辞语意及语法结构，此处"何"释作人名，"从"解释为随行较为合适。

卜辞大意

　　这是一条梦象为兄戊，且有何随从的卜辞。大意是，辛未日，贞人殻给商王占卜，贞问王梦到兄戊，有何随行，是否有灾祸。这是在四月占卜的。

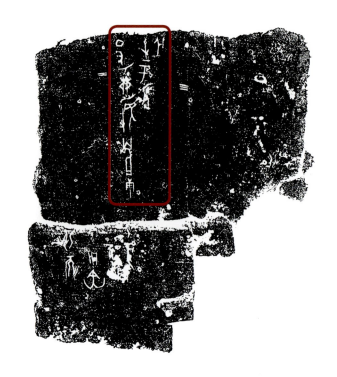

『自祖庚至于父戊』卜辞

丁丑，亏卯梦自祖庚至于父戊。

第一期

《甲骨文合集》22187

辞语解析

1. 亏卯，"亏"，甲骨文中原字形为"イ"，关于该字的隶定，学术界说法不一。有学者认为当隶定为"亏"；有的则直接使用原字形，无隶定；有的隶定为示等。本文认为隶定为"亏"较为恰当，故采纳此观点。据推测亏卯可能是做梦者，"祖庚"和"父戊"都是午组的常祭父祖，而且"父戊"是午组主人的生父。尽管该条辞例没有交代梦之后的事情，但由同类卜辞如"……梦，御亳于姊乙良鼎……"（《合集》22145）；"贞，王梦示并立十示。"（《合集》376反）；"戊卜，子梦，□……；子梦，□，用牡告，又鬯妣庚。妣庚咎。"（《花东》124）等，可知，亏卯必然为梦到的"自祖庚至于父戊"的父祖举行祭祀。

卜辞大意

这是一条梦象为祖庚至父戊先祖的卜辞。大意是，丁丑日卜，亏卯梦到自祖庚到父戊的先祖。

一 人物类梦象

第一期

《英国所藏甲骨集》1616正

辞语解析

1. 妾，字作"𡘳""𡘳"等形，在学术界，妾的含义颇具争议。王承祒认为妾在商代最早为奴隶的一种称谓，后来逐渐演变成配偶的一种统称，和妻一样，不存在妻妾贵贱之别。孙淼亦赞同妾是奴隶的称谓，但他认为作为王配偶的妾来源于身份低贱的奴隶，与后世的妾类似，身份卑微，低于妻。然无论哪种解释，从辞意看都是为妾举行祭祀的意思。妾既然可以和妻一样受到祭祀，那么妾的地位可能和妻平等，这也正验证了王承祒的观点。

2. 𩫏，𪟝，暂无隶定字。"业"通"侑"，做祭名，除此之外，"业"还可当有无的有。"册"在卜辞中为祭祀专用之册，是谓"祝册"。此外，"册"也可作"𠷎"，一种祭祀名。通观卜辞，"业"在该辞条中取其祭名之义。"𩫏"虽暂无隶定，但根据辞例，"业𩫏业册"应是并列关系，因此𩫏与册应属同类性质的词。

卜辞大意

这是一条梦象为妾的卜辞。卜辞大意根据断句位置的不同，可作两种解读。其一，从"王梦妾"后断开，大意是贞人殻贞问，王梦到妾，并为其举行侑𩫏侑册祭祀，是否有祸害；其二，从"王梦"后断句，大意是贞人殻卜问，王梦到妾在举行侑𩫏侑册祭祀，是否有灾祸。

「弄」卜辞

癸巳卜：子梦弄告，非（艰）？

甲骨卜辞菁华·梦幻篇

第一期

《殷墟花园庄东地甲骨》5H3（16）

辞语解析

1. 弄，人名。根据卜辞大意，能够说话和举行祭祀的只有人，所以笔者认为弄在该卜辞中作人名解是正确的。

2. 告，字作"㞢""㞢"等形，卜辞中有三种解释：一、方国名；二、祭名或告礼；三、告的本义，说话、告诉。宋镇豪在该卜辞中将"告"释为祭祀名，笔者认为告在此可以取祭祀名和告诉二义。

卜辞大意

　　这是一条梦象为弄的子卜辞。大意是，子做了梦，由弄举行告祭，是否有灾祸。抑或为子梦到弄在举行告祭，是否有祸害。或者子梦到弄在报告什么信息，是否有祸害。

二 自然现象类梦象

自然现象的梦象，据笔者统计，共有三种，分别是：雨、震、啟。关于三种自然现象梦象的卜辞共有4条。这4条卜辞如下：

『雨』卜辞

……［梦］雨，亡匄（害）？

第一期
《甲骨文合集》12900

辞语解析

1. 雨，字作"𩆜""𫡎"等形，卜辞中的雨有三种解释，分别是：疾、雨病、下雨。

2. 匄，杨树达、郭沫若都释为害，祸害之义。当作疾或雨病时，均和身体有关，可能是身体不舒服所传达的一个信号。弗洛伊德曾说，梦由于受到肉体的某部分刺激，能够最先察觉到医师和病人察觉不到的病兆。梦可以反映人身体状况的说法，在我国最古老的医书《黄帝内经》中也曾提到过。因此，笔者推测，可能由于王身体哪里不舒服，所以做了这样的梦，卜问有害无害。当作下雨义讲时，即为王梦到天下雨，卜问会不会遭遇灾害。

卜辞大意

这是一条关于气象雨的卜辞。大意是梦见下雨，是否会遭致祸害。

『震』卜辞

□□□，殻□，……佳震……有梦？

第一期
《甲骨文合集》17364正

辞语解析

1. 震，字作"❂""❂""❂"等形，卜辞中有两种解释：一、警告，惊动，骚动；二、武丁时期人名。宋镇豪解释为雷震，一种自然灾害。笔者认为该卜辞中震的两种意思均可。作警告、惊动、骚动时，可能指邑中发生的非常事态——奴隶们举行的反压迫斗争。这种现象在第五期卜辞中出现较多。该现象反映了统治者与被统治者之间矛盾的尖锐性，即使是在社会发展鼎盛的武丁统治时期，也是不绝如缕。同时也透露出王对此非常担心，做梦也不放心。作人名时，即梦到叫震的人，然后占卜，但震的具体身份目前尚不太清楚。笔者猜想，震与王的关系应该不会太远，否则商王不会专门为其占卜。某些科技文献以此作为商代有关地震的记载，未必可信。笔者较认可裘锡圭的观点，即震在卜辞中大多作骚动、警告讲。

卜辞大意

这是一条关于震动的卜辞。大意是，贞人㱿贞问："发生了不安震动，［王］做梦了吗？"

『啟』卜辭

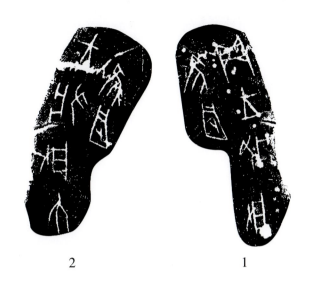

2   1

1 貞：王夢啟，惟禍？
2 王夢啟，不惟禍？

第一期
《甲骨文合集》122

辭語解析

1. 啟，字作"𣆕""𣆕""𣆕"等形，在卜辭中有四種解釋，分別是：人名，方國名，軍事征伐，天晴。筆者按，"啟"有四中解釋，筆者之所以把它放入自然現象類，原因有：一、啟具有天晴之義。二、為了避免由於多次提及導致重複出現。依筆者之見，啟在1、2兩條卜辭中可以取人名、方國名或者天晴三個意思。當作人名講時，卜辭大意為王夢到叫啟的人，卜問是否有禍。筆者推測，啟可能為武丁時的重臣，否則王不會因為夢到此人就進行正反占卜。當作方國名時，其意為王卜問啟方是否會來侵犯商土。啟方國在當時可能實力強大，因此商王會在夢到啟方之後不止一次地卜問有禍無禍。當作天晴之意時，意為王夢到天氣轉晴，卜問是否有禍。

    "啟"本義為"教，開啟的意思"，引申為天晴、雲開日見之義，是個褒義词。如果这种解释能够成立，那么这个梦象本身暗含了吉祥之意，为早期吉梦的雏形，虽然王卜问的是有祸否，而不是有吉否，但并不影响梦意。这样看来，胡厚宣认为殷人"恒为凶梦"的观点便值得商榷。

卜辞大意

这是一条关于梦象为天气晴啟的卜辞。大意是，1辞从正面贞问："王梦到天气晴啟，有灾祸吗？"2辞又从反面贞问："王梦见天气晴啟，不会有灾祸吧？"

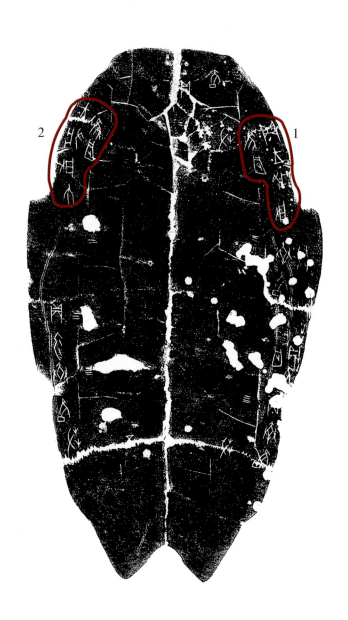

三　行为动作类梦象

『示』卜辞

贞：王梦示，并立示十？

摹本

第一期

《甲骨文合集》376反

辞语解析

1. 示，字作"Ｔ""Ｔ""Ｔ"等形，可释为祭名、神祖牌位、祭祀的宗庙或供祭祀所用的神坛，因为梦的不确定性，所以此处四种解释均符合辞意。并，合并也。立，同"位"。"并立示十"，即王梦到示主之后，集合十位祖先神主祭祀。

2. 示十，是集合示名，常见的类型有，大示、小示、上示、下示、元示、二示、它示，以及若干数字形式的某某示等。陈梦家先生谓之为"集合的庙主"。

卜辞大意

这是一条梦象为示主的卜辞。大意是王梦到神主之庙，是否可以集中十位祖先神主在社宗为其举行合祭。

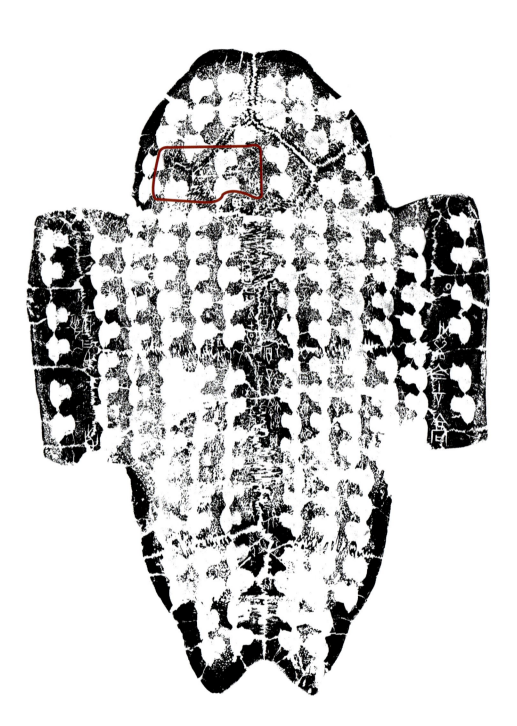

甲骨卜辞菁华·梦幻篇

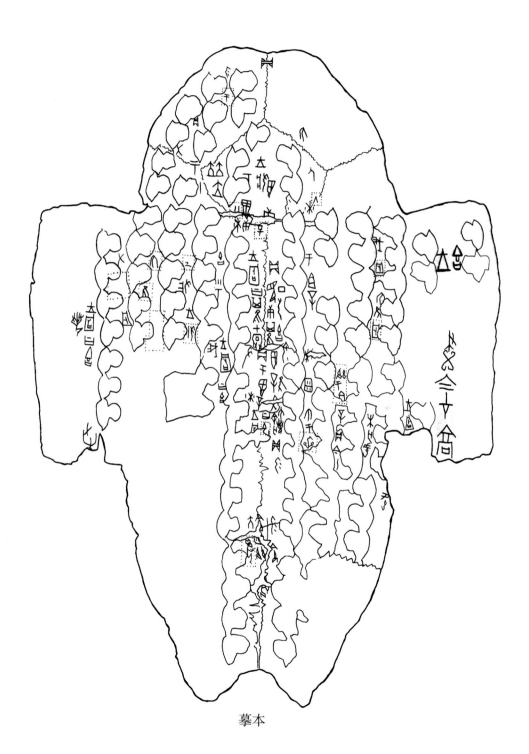

摹本

『祼』卜辞

1 贞：王梦祼，惟祸？
2 王梦祼，不惟祸？

2

1

第一期
《甲骨文合集》905正

辞语解析

1. 祼，字作"𥛠""𥛤"等形，卜辞中为祭名，同"祼"字。祼谓祼酢之酒祭仪式。《周礼·膳夫》："凡祭祀之致福者"，注："福，谓诸臣祭祀，进其余肉，归胙于王。"《晋语》："必速祠而归福"，注："福，胙肉也。"今以字形观之，福为奉尊之祭，致福乃致福酒，归胙则致祭肉，故福字从酉、胙字从肉矣。（胙亦作祚，《诗·既醉》《释文》："胙，一本作祚"，许君谓福畐声，非也。古金文中《父辛爵》福作𥛠，《弭中簋》福字亦从畐，均象尊形（《殷释》中第17页）。契文之福，象两手奉尊于示前，或从点滴，皆福字省变之异，且为祭名，与许书"福备也"之说不合，所从之尊，有种别构，与小篆亦异，发钟作𥛤，曾于簋作𥛤，𥛠，其偏旁酉、酉、畐可为契文之尊形渐变为从畐左证。

卜辞大意

这是一条梦象为祼祭的卜辞。大意是，先正面贞问："王梦到祼祭，有灾祸？"又从反面问："王梦到祼祭了，不会有灾祸吧？"

三 行为动作类梦象

『自西』卜辞

丙辰卜，宾贞：乙卯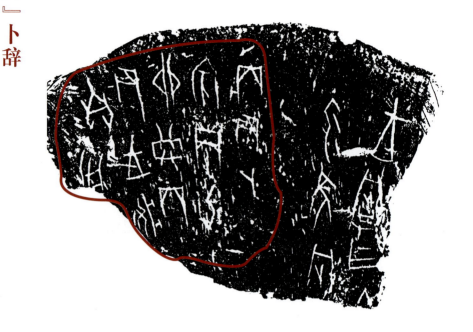丙辰王梦自西？

32

甲骨卜辞菁华·梦幻篇

第一期

《甲骨文合集》17396

辞语解析

1. 宾，武丁时期贞人。

2. 自西，梦中出行方向向西方。

3. ，是接近的时段。

卜辞大意

　　这是一条关于王出行的卜辞。大意是，丙辰日，贞人宾占卜："乙卯日接近丙辰日之际，王梦向西出行吗？"

『亡其来』卜辞

贞：王梦亡其来……

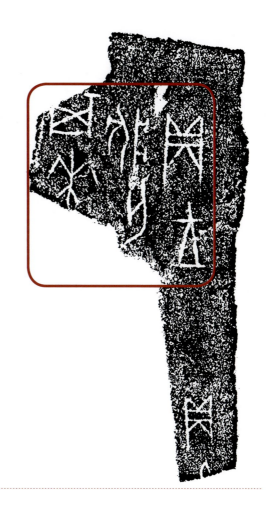

第一期

《甲骨文合集》17395 正

辞语解析

1. 亡，字作"𠃌""屮"等形，有无之无。

2. 来，指来使或来艰，即敌情警报。

卜辞大意

这是一条梦象为敌情的卜辞。大意是，贞问："王做梦，没有出现警报敌情吧？"

『擒』卜辞

贞：王梦擒，不惟祸？

甲骨卜辞菁华·梦幻篇

第一期

《甲骨文合集》17387

辞语解析

1.擒，字作"☒""☒"等形，"擒"释为"禽"，狩猎有获。

卜辞大意

这是一条梦象为狩猎的卜辞。大意是，贞问："王梦到有所禽获，不会有灾祸吧？"

四　实物类梦象

『秉萅』卜辞（1）

……戌卜，宾贞……梦王秉萅。

第一期
《甲骨文合集》17444

『秉萅』卜辞（2）

甲戌……贞……有梦［王］秉萅在中宗，不［惟］祸，八月。

辞语解析

1. 秉，字作"🌾""🌿"等形。卜辞中其有两种词性：名词、动词。作名词时，为"稻米一把"，《诗经·小雅·大田》："彼有遗秉，此有滞穗。"《礼仪·聘礼》："四秉曰筥。"郑玄注："此秉谓刈禾盈手之秉也。"王安石《吊王先生致》诗："老妻稻下收遗秉，稚子松间拾墮樵。"作动词时，为执、持。

2. 🌿，为某种习见的农作物或者祭祀时常用作祭品的某种植物；抑或为一种带棘的干状旌旗类器物。秉，作名词时，🌿应该为一种农作物或者植物，而且秉与🌿可能属于同类作物。那么卜辞大意当为，王梦到秉这种作物，为之占卜。"秉"作动词时，🌿作为一种农作物、植物或带棘的干状旌旗类器物义讲时均可。

3. 中宗，祖乙之庙。

卜辞大意

　　这是两条梦象为某种植物的卜辞。（1）辞大意是，□戌日，贞人宾问："梦见王手持🌿这种器物在中宗，有祸吗？"（2）辞大意是，甲戌日贞问："梦见商王手持祭品🌿在中宗庙（祖乙之庙），没有灾祸吧？"是在八月占卜的。

『玉』卜辞

1　贞：王梦玉，惟祸？

2　贞：王梦玉，不惟祸？

1

2

第一期

《甲骨文合集》6033反

辞语解析

1. 玉，字作"丰""丰"等形。卜辞中有两种含义：一、玉的本义，温润而有光泽的美石，多用作祭品；二、人名。

卜辞大意

　　这是两条梦象为玉的卜辞。大意是，先从正面贞问，王梦到玉这种物品，有灾祸吗？再从反面贞问，没有灾祸吗？玉当人名讲时，大意是，先从正面贞问，王梦到叫玉的人，有灾祸吗？再从反面贞问，没灾祸吗？

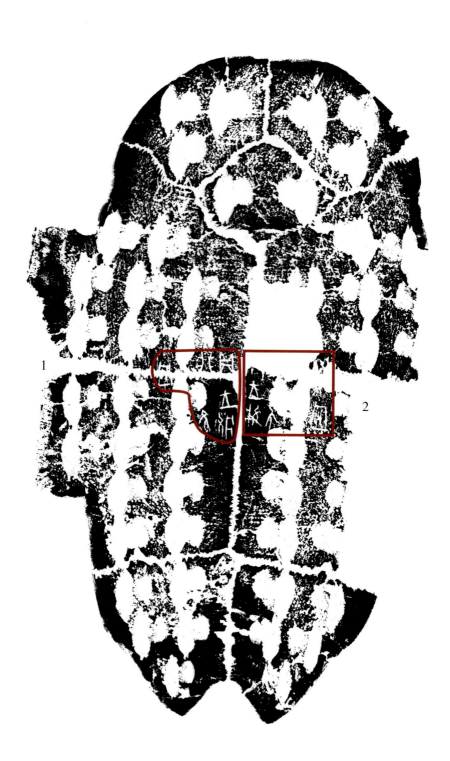

1

2

『珏』卜辞

己巳卜，亘贞：王梦（珏），不惟循小臣墙。

第一期
《甲骨文合集》5598正

- -

辞语解析

1. 亘，武丁时贞人。

2. 珏，字作"𤦲""𤦲"等形，在殷人祭祀中与玉同，亦为祭品，卜辞中未见比珏更多的情形。"珏"字从二玉，殷卜辞作丰，《后》上廿六作𤣥，《前》六六十五或作𤦲，《后》下廿四十三金文亦作丰。《乙亥敦》云："玉十丰，皆古珏字也。《说文》：二玉，象三画之连，其贯也。丰意正同，其作𤣥，作𤦲者，丫、丫丫象其系，如束字上下从丫、木也，古系贝字法与玉之法同，故谓之明。

3. 循，字作"徝"形，卜辞中有三种含义：一、巡视或挞伐；二、祭名；三、巡徇，询问。孙诒让直接隶定为"德"字，释为施德思赐之义。"循"在该条卜辞中作"巡徇，询问或者施德恩赐"义。

4. 小臣牆，小臣是官职名，牆是人名，小臣牆是商王武丁的近臣，曾随商王征伐狎犹，擒获其首领，并杀俘以祭祀先王，居功厥伟。

卜辞大意

　　这是一条梦象为珏的卜辞。大意是，己巳日，亘贞问："商王武丁梦见了礼珏，不向巫医小臣牆询问吗？"

『旐』卜辞

辛丑卜，㱿贞：王梦旐，惟佑？

第一期

《甲骨文合集》6948正

辞语解析

1. 旐，字作"卜"形，卜辞中仅有一解，义为旐旗。

2. 佑，字作"ㄨ""丬"等形，保佑之义。这条辞例不同于卜辞中的其他梦卜辞，其他梦卜辞中的命辞多是从反面，即凶的一面问"惟祸、不惟祸"一类，而该卜辞是从正面，即吉的一面贞问"惟佑"，这说明殷人的梦观不是如胡厚宣所言的那样——"恒为凶梦"，其实殷人的吉梦观早已存在。

卜辞大意

这是一条梦象为旐旗的卜辞。大意是，辛丑日，㱿占卜贞问："王梦到旐旗，能得到保佑吗？"

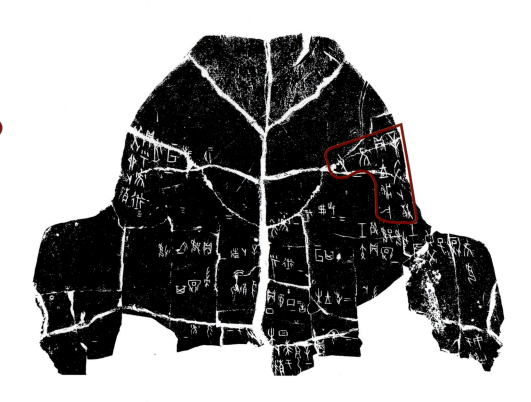

『箙』卜辞

乙巳卜，宾贞：王梦箙，不惟孽？

第一期

《甲骨文合集》17388

辞语解析

1. 箙，字作"甾"形，卜辞中作贞人名、箭箙、祭祀名。三种解释放到该条卜辞中均能讲通。《周礼·夏官·司弓矢》："仲春献弓弩，仲秋献矢箙"，郑氏注："箙，盛矢器，以兽皮为之。"《说文》："箙，弩矢箙也。"《玉篇》："箙，盛矢器，藏弩箭为箙。"王国维云："古者盛矢之器有二种，皆倒载之。射时所用者为箙，矢栝与笴之半皆露于外，以便于抽矢。……藏矢所用者为函，则全矢皆藏其中。"蔡哲茂指出，箙为方形盛矢器，函为圆形盛矢器，皆可用兽皮

45

四　实物类梦象

制之。

2. 孽，字作""""等形，为灾祸、灾孽之义。

卜辞大意

这是一条梦象为箙的卜辞。大意是，乙巳日，贞人宾卜问："王梦见箭箙，没有灾孽发生吧？"

五　疾病类梦象

『耳鸣』卜辞

……巳……既梦……作佣耳鸣终……大……

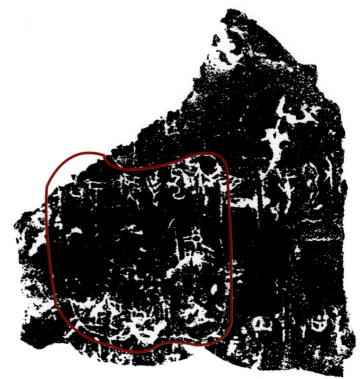

第一期
《甲骨文合集》21384

辞语解析

1. 作，字作"𝕪""𝕪"等形，卜辞中"作"，多释为"则"，用在这里可行。

2. 佣，字作"𝕳""𝕳"等形，以往有两种含义：一、通"用"，施行；二、国族名或方国名。笔者认为这两种解释用在该卜辞中都不太合适，应释为人名。当"用"时，为动词，与耳鸣放在一起于意不通；当国族名或方国名讲时，也解释不通，因为出现耳鸣的载体必须是人，只有人才能在耳朵不舒服的时候表达出来，并给予记录，其他物类是做不到这一点的。因此，笔者将佣释作人名。

3. 耳鸣，耳内嗡鸣，即耳疾。

卜辞大意

这是一条梦象为耳鸣的卜辞。大意是，某巳日……做了一个梦……佣得了耳疾，耳内嗡鸣。据卜辞内容推测，耳疾在商代可能是常见病，人们较为关注。

『齿』卜辞（1）

贞：王梦疾齿惟……

第一期
《甲骨文合集》17385正

『齿』卜辞（2）

丁亥卜，争贞：王梦，惟齿？

第一期
《甲骨文合集》11006正

辞语解析

1. 齿，字作"🐱""🔲"等形，"齿"字在卜辞中有五种解释，分别是：一、疾齿，指牙齿有病；二、年齿，当年讲，是一个时间单位；三、代指象牙；四、来齿、入齿，指灾祸或入侵；五、来史。

辞（1）中"王梦疾齿"的齿字，为齿病的意思，其他三个意思用在这里均不恰当。考古发现，在卜辞所记载疾病的记录中，记载齿病的卜辞占有非常大的比例。此外，据体质人类学家研究，殷人病牙的比率高达30.43%。笔者认为这可能和商代的物质生活水平、饮食结构、医疗卫生等有关。当时，人们因粮食粗糙，导致牙齿磨损十分厉害；医疗卫生条件落后，使牙齿得不到应有的保护，所以商人得齿病的机率高，致使他们对牙齿非常关心，连做梦都会出现关于牙齿的梦境。

辞（2），综观卜辞条，齿在命辞的结尾，于惟之后，类似于"惟祸，不惟祸"，而齿在卜辞中本就具有灾祸、入侵之义，因此辞中的"齿"释为灾祸较为恰当。

卜辞大意

这是两条梦象与齿有关的卜辞。辞（1）大意是，贞问王梦见牙齿生病，是否（有灾祸）。辞（2）大意为贞人争在丁亥日卜问，王做了个有关牙齿的梦，是否有灾祸。

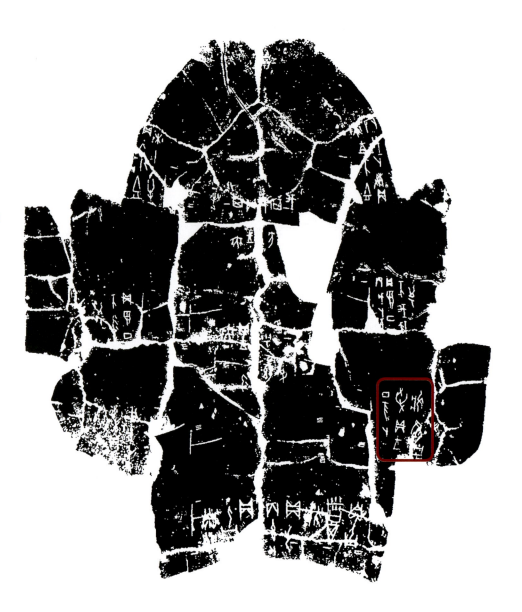

『』卜辞

己巳卜，贞：有梦，王？八月。

第一期

《甲骨文合集》17446

辞语解析

1. ，唐兰释为尿，谓尿疾，象人体遗尿之形。严一萍说："'王'为武丁尿病。"也有学者释为今字，读如渗，可能指气候失调造成的周身不适，梦魇多汗。《庄子·大宗师》云："阴阳之气有渗"，《汉书·五行志》云："气相伤谓之渗。"总之，无论释为"尿"还是"今"，都是指一种疾病。

卜辞大意

　　这是一条梦象关于的卜辞。大意是，己巳这天占卜，贞问："做了梦，是王得了尿疾造成的吗？"这是八月占卜的。

『蛊』卜辞

2 1
己未卜， 己未卜，
殼贞： 殼贞：
王梦蛊， 王梦蛊，
不惟 惟祸？
[祸]
？

2　　　　　　　　　　　　1

第一期

《甲骨文合集》1027正

辞语解析

1. 蛊，字作"蛊""蛊"等形，《说文》云："腹中虫也，《春秋传》曰：'皿虫为蛊，晦淫之所生也。'"皿为食器，虫在皿中，人食之而入腹，成为蛊，相当于今天医学上所说的一种肠道寄生虫。卜辞中贞人卜问梦到蛊病是否有灾祸，表明"惟祸"与"不惟祸"两种可能性都是存在的。如果"不惟祸"，就只是一种正常的梦，表明不是身体真的出现了肠道疾病。

卜辞大意

　　这是两条梦象为蛊的卜辞。大意是，己未日，贞人殼先从正面占卜："王梦见蛊病，会发生灾祸吧？"又从反面贞问："王梦见蛊病，不会发生灾祸吧？"

54

甲骨卜辞菁华·梦幻篇

「舌」卜辞

辛亥卜，古贞：王梦有舌，惟之？

第一期

《甲骨文合集》17410正

辞语解析

1. 舌，字作"凵""凵"等形，卜辞中两种解释：一、口舌之舌；二、祭名。"舌"当口舌之义讲时，便有可能指由于身体内火大，以致舌头上火而生相关梦象。舌病也是殷人常患的一种疾病。

2. 惟之，卜辞中"惟之"的"之"，即指舌，所要贞问的事情是否由舌引起。

卜辞大意

　　这是一条梦象与舌有关的卜辞。大意是，辛亥日，贞人古占卜："王做了与舌有关的梦，是否由舌病引起？"

六　灾异类梦象

『孽』卜辞（1）

乙未卜，贞：王梦孽，不惟祸？

第一期

《甲骨文合集》17386

『孽』卜辞（2）

……王梦……孽

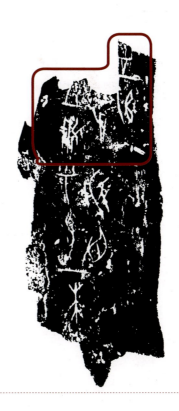

第一期

《甲骨文合集》8840

『孽』卜辞（3）

……卜兆……梦……孽

第一期

《甲骨文合集》17464

辞语解析

1. 孽，字作"⿰""⿰"等形。在卜辞中多有灾祸、灾孽的意思。卜辞所谓"王梦胹"（《邺中片羽三集（下）》三五二），《诗·小雅·十月之交》："下民之孽，匪降自天。"常与"惟"字连用，如"惟孽、不惟孽"。卜辞中的"孽"字处在命辞位置，是梦的宾语，作灾害之义。是殷王梦中出现灾孽，卜问是否有灾祸发生。《毛诗传笺》云：孽，妖孽，谓相为灾害也。相为灾害，宜是凷，髆，胹诸字本谊。分别言之，则日月之妖为胹，山川之灾为髆，歌谣之怪为凷，偏旁不同，其灾属一字。辞（2）、辞（3）由于卜辞残缺，无法准确判断出两处"孽"字的具体用法。是做梦的宾语（即梦象内容），还是与缺失的"惟"连用（惟孽、不惟孽），询问有无灾祸。

卜辞大意

辞（1）是关于梦象为灾孽的卜辞。大意是，贞人在乙未日占卜，贞问："王梦到灾孽，没有灾祸吗？"辞（2）具体梦象不明确，有可能是孽，也有可能不是。大意是王做了一个梦……灾祸。辞（3）具体情况同辞（2），大意是贞人宁卜问，……做了一个梦……灾祸。

七　野兽飞禽类梦象

『死大虎』卜辞

□丑卜，贞：王梦有死大虎，惟……

第一期

《甲骨文合集》17392正

卜辞大意

这是一条梦象为死大虎的卜辞。大意是，某丑日占卜贞问，王梦见有死大虎，惟祸？即是否有祸灾。抑或惟佑？即能否会受到保佑。

『牧石麋』卜辞

1

乙丑卜，殻贞：甲子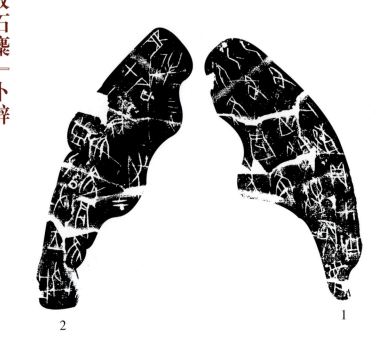乙丑，
王梦牧石麋，不惟祸，惟佑？

2

贞：甲子乙丑，王梦牧石麋，
不惟祸，惟佑？二月。

2　　　　　　　　　　　　1

64

第一期

《甲骨文合集》376正

辞语解析

1. ，表示时段，释为向，为甲子至乙丑日临界之时。

2. 牧石麋，所指何物，学界素有争议。有学者认为麋即为獐，似鹿而小，无角；
也有学者认为是人名。其中"牧"字，为身份的表示或职官名。于省吾主编
《甲骨文字诂林》引考古所云：牧，可能与众一样，是一种人的身份，即饲养
牛羊之人。如《左传》昭七年："牛有牧"，但也有可能是职官名，卜辞中有右
牧……有牧征，牧䖵，右牧䖵，……皆职官名。两种解释在这里均适用。

卜辞大意

这是两条梦象内容均为牧石麋的卜辞。辞1大意是，乙丑日占卜，贞人殻贞

问："甲子日临近乙丑时段，王梦到官职为牧名石麋的人（或者梦到牧石麋这种动物），不会发生灾祸，会受到保佑吧？"辞2大意是贞问："甲子日临近乙丑之时，王梦见牧石麋，不会发生灾祸，会受到保佑吧？"是在二月卜问的。

『梦白牛』卜辞

庚子卜，宾贞：王梦白牛，惟祸？

甲骨卜辞菁华·梦幻篇

第一期

《甲骨文合集》17393 正

辞语解析

1. 白牛，白色的牛，因殷人尚白，所以对白牛特别重视，是专门用作祭祀祖先（先王先公）的牺牲。《礼记·檀弓上》：夏后氏尚黑，大事敛用昏，戎事乘骊，牲用玄；殷人尚白，大事敛用日中，戎事乘翰，牲用白；周人尚赤，大事敛用日出，戎事乘骒，牲用骍。由此反映了殷人的一种观念和审美风尚。

卜辞大意

这是一条梦象为白牛的卜辞。大意是庚子日，贞人宾占卜，王梦见白牛，是否会有祸害发生。

『梦豕』卜辞

癸酉卜，王梦豕，惟示咎？

第一期
《甲骨文合集》21380

辞语解析

1. 豕，字作"ㄓ""ㄔ""ㄗ"等形，除一部分做人名、国族名、地名之外，卜辞中所见多为兽名，常为狩猎所捕之物，多用于祭祀所选之牲。卜辞中"王梦豕，惟示咎"，显然是王梦见祭祀用豕，神主会显示害咎吗？由此可知，豕在生活中已经普遍存在，说明当时的畜牧业已经有所发展。

卜辞大意

这是一条梦象为豕的卜辞。大意是，癸酉日占卜，王梦见祭祀用牺牲豕，神主是否会施以咎害。

『梦鸟』卜辞

□□［卜］□，贞……梦集……鸟……

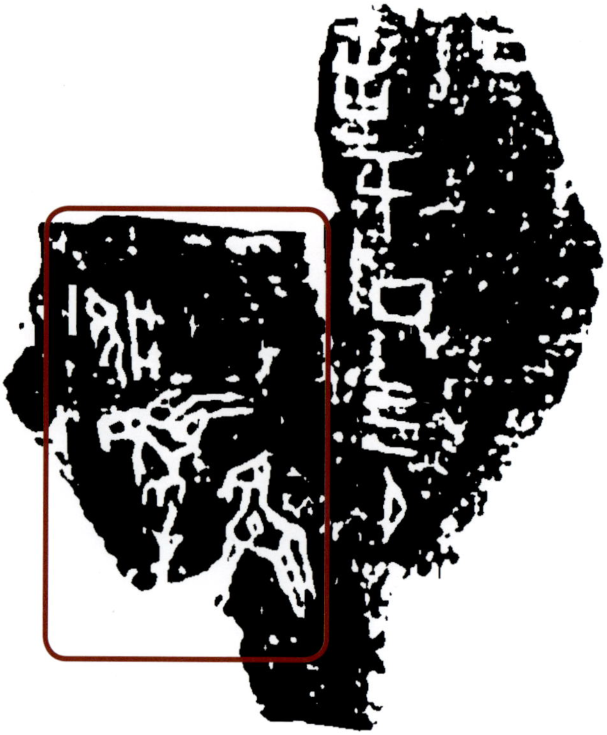

第一期

《甲骨文合集》17455

辞语解析

1.鸟，字作“”“”等形，在卜辞中有三种用法：一、鸟之本义；二、人名；三、地名。“集”因卜辞中文辞残缺，其义不祥。该卜辞因残缺不全，大意很难确定，只能根据字义推测，“鸟”，此处为鸟的本义或地名，“集”为集中之义。

卜辞大意

这是一条梦象与鸟有关的卜辞。大意是王梦到集合的……群鸟……

综上，该类卜辞中，王梦见死老虎、牧石麋、白牛、野猪、鸟等。命辞中的惟示咎、惟祸、不惟祸、惟佑、惟若等，反映了做此类梦，或引起商王对未来忧咎祸孽的担心，或则自抱着安然顺若的心态，与《周礼·春官·占梦》区别梦有无所感动、平安自梦之正梦、惊愕而梦之噩梦、恐惧而梦之惧梦等，可相对照。

　　通过分析飞禽走兽类梦象卜辞可知：一、商晚期，商人的畜牧业、家畜业的发展水平已经较高，物种较齐全；二、人们对抗自然猛兽、保护自己的能力大大提高；三、尚白是殷人存在的一种观念和审美风尚。

八　鬼怪类梦象

『鬼梦』卜辞

癸未卜，王贞：畏（鬼）梦余勿御？

第一期

《甲骨文合集》17442

辞语解析

1. 鬼，字作""""等形，甲骨文中有三种含义：一、神鬼之鬼，卜辞中
"鬼、畏"同源；二、方国名；三、人名。作"神鬼之鬼"时，《说文》言：
"鬼，人所归为鬼。从人，象鬼头，鬼阴气贼害。"认为鬼会带给人们祸害，
所以经常举行驱鬼仪式。《周礼·夏官·司马》记载，有驱鬼之官，叫方相氏，
蒙着熊皮，戴着用黄金铸成四目的假面具，穿着黑色的衣、红色的裤子，拿
着兵器戈和盾，率领徒隶祛除凶恶，进入房驱逐疫鬼。鬼在殷人心目中的定
义，迥于后人，殷人对待鬼的态度是敬畏有加。甲骨文字中只有"鬼"字而
无"神"字，我们认为这种有鬼无神的观念可能根源于殷人的祖先崇拜。在殷
人的神灵世界里祖先神占有重要的主导地位，正如《礼记·表记》所说："殷
人尊神，率民以事神，先鬼神而后礼。"郑玄注："谓内宗庙外朝廷也。"体现

了殷人所尊崇的重点为祖先神。对于殷人的祖先神居于殷代神权崇拜显赫地位的证据，晁福林先生归纳了六点：一、卜辞中商王祭祀的对象主要是祖先神；二、殷人祭祀时极力追溯传说时代的祖先，尽量增大祖先崇拜的范围；三、殷人对女性祖先的崇拜虽然不及男性祖先，但她们在祭典中也占有相当显赫的地位；四、殷人祭祀祖先时用牲数量多，祭典特别隆重；五、殷人祖先多被分成若干组进行祭祀；六、殷人不仅尊崇王室的子姓先祖，也尊崇非王室的子姓先祖，也包括某些异姓部族先祖。他们认为祖先不仅保佑自己，同时也降灾祸给自己。因此，笔者推测在殷人的观念里，鬼就是祖先神，祖先神即为鬼。王筠在《说文释例》中说道："古人言鬼无不谓人之祖先者，故古文作祝，岂可以贼害说之。"由于在过去蒙昧落后的状态下，人们不可能像后人一样，有着丰富的知识去解释那些不明的现象，而离他们生活最近的就是他们的祖先，所以从当时生活背景去推测，古人们更倾向于"鬼"来自于他们的已逝先人。先民意识中初期的鬼魂暗含了神的属性，或许这就是为什么卜辞中有"鬼"字而无"神"字的原因了，以至到了周代直接将"鬼神"并称。《礼记·表记》中已说得很清楚，殷人所尊之"神"和率民以事之"神"与先鬼神而后礼之"鬼神"所指为同一事物。由此可知，殷人观念中的鬼即为祖先神。所以，殷人梦到鬼之后，对待鬼梦的态度十分谨慎。

2. 余，字作"⌖""⌖"等形，是王的自称。

3. 勿，禁止之意。

4. 御，字作"⌖""⌖""⌖""⌖""⌖"等形，祭祀名，御除灾害之祭。

卜辞大意

这是一条关于鬼梦的卜辞。大意是，癸未日商王占卜，做了鬼梦，我是否举行御除灾殃之祭。

『多鬼梦』卜辞（1）

甲寅卜，□［贞］：亚多［鬼］梦，不若？

第一期
《甲骨文合集》17447

『多鬼梦』卜辞（2）

贞：亚多多鬼梦，无疾？四月。

第一期
《甲骨文合集》17448

『多鬼梦』卜辞（3）

庚辰卜，贞：多鬼梦，不至祸？

76

甲骨卜辞菁华·梦幻篇

第一期

《甲骨文合集》17451

- -

辞语解析

1. 多鬼梦，胡厚宣谓"多梦鬼怪"；郭沫若认为"多鬼梦"亦作"畏梦"；国光红认为"多鬼梦"就是诸多"占梦"在做梦。所谓"占梦"就是《周礼》中专职为做梦而占卜吉凶之人。"多"是因为每次卜筮不是一个人就可以"梦"出吉凶的。《尚书·洪范》云："'立时人作卜筮，三人占，则从二人之言。'"《周易·系辞下》云："易云：三人行则损一人。一人行则得其友，言致一也。"可见"鬼"未必有梦，且一"鬼"之梦或许不是从定吉凶，故顺"多鬼"参与其事，以便三占其二。熊道麟认为"鬼"为巫觋的称呼，"多鬼梦"即为梦到多位巫觋。笔者以为对多鬼梦的解释应视情况而定，不能笼统说"多鬼梦"是什么意思。

2. 亚，字作"♣""♣"等形，卜辞中有人名或官职之义。目前学者对亚的解释较为一致，认为是商代的官职名称，是一种与商王关系密切的军职。

3. 鬼，作巫觋称呼时，意思接近国光红的观点，因为在商代占卜者大多为巫觋，他们同时也掌握着神权，并且是沟通人神的人选，所以用他们代指鬼也是有道理的。因此，"多鬼梦"的四种观点均有可能。

卜辞大意

这是三条梦象与"鬼梦"相关的卜辞。辞（1）大意是，甲寅日占卜，某贞人问："亚这个人（或官职为亚的人）做了多鬼恶梦，有不顺若吗？"

辞（2）大意是，卜问："叫亚的这个人（或官职为亚的人）做了多鬼梦，不会引起疾病吧？"这是在四月占卜的。

辞（3）大意是，庚辰日占卜："做了多鬼恶梦，祸害不会来吧？"

『鬼宁』卜辞

今夕鬼宁？

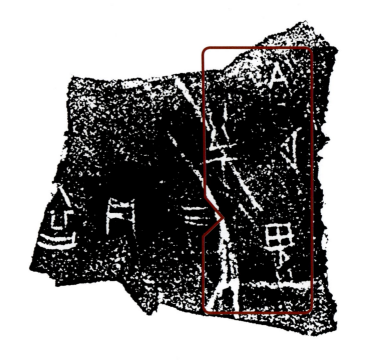

78

甲骨卜辞菁华·梦幻篇

第一期

《甲骨文合集》24987

辞语解析

1. 宁，安定止息之意。

卜辞大意

这是一条梦象与鬼有关的卜辞。大意是今天晚上，鬼魂是否宁息。

九 告梦

"禳梦"是指通过祭祀，禳除恶梦的行事。现将卜辞中有关禳梦类卜辞列举如下：

『告梦』卜辞（1）

1
丙：岁妣庚牡权曽，告梦？

2
丙：岁妣庚牡权曽，[告] 梦？

2　　　　　　　1

第一期

《殷墟花园庄东地甲骨》26

『告梦』卜辞（2）

丙子：岁妣庚牡，告梦？

第一期

《殷墟花园庄东地甲骨》314

辞语解析

1. 岁，字作"𢆶""𣥄"等形，卜辞中有三种解释，分别是：一、今岁、来岁，为纪年法，但与卜辞中的"年""祀"时间概念有别，指一个收获的季节；二、用牲法，同刿，义为割杀祭牲；三、祭名，岁祭是商代一种大型祭祀，具有普遍性和复杂性。此处为祭名。

2. 羘，字作"𦍋"形，学者一致认为是类似于祭祀中用作牺牲的家畜——公羊。

3. 鬯，字作"𩰪""𩰫""𩰬"等形，用黍酿制的一种美酒，在晚商又可细分出两类高档酒：一类是专用黑黍酿制，不和入郁金香草，名之为秬鬯；另一类是和入郁金香草的香鬯，尤为名贵，称之为郁鬯。

4. 衩，卜辞中辞意具体不详，根据该卜辞大意此处应为一种祭仪名。原因有二：一、"衩"字由"示"和"又"组成，"示"和"又"在卜辞中又都是一种祭祀名，所以衩可能和祭祀有关；二、在该卜辞中"衩"不仅与岁祭同时出现，而且后面所跟词为美酒，而酒在商代除了饮用之外也多用于祭祀。因此，衩很有可能是伴随岁祭仪式过程中的一种敬酒的祭仪。

5. 告，字作"𡆥"形，在该卜辞中为祭祀名。"告"，卜辞中有三种解释：一、祭祀名，所祭对象主要是祖先神，通过祷祝以求没有祸害；二、臣属之报告，报告内容主要是有关田猎和敌警的情报；三、用牲法，主要是用牲祭田。告梦致祭的对象通常为致梦的已故先人，如"妣庚"，祭法或岁（刿割）、告、祼（灌酒祭）、又、衩等；祭牲用牡（公牛）、羘（公羊）、马等；酒祭以鬯。

卜辞大意

这是三条与告梦相关的卜辞。辞（1）大意是丙日，为妣庚举行岁祭，祭牲用公羊，同时还有衩祭、酒祭，酒祭用郁鬯，向妣庚祷告、祈求为其禳除噩梦。辞（2）大意是丙子日，子为妣庚举行岁祭，祭牲用公羊，向妣庚祷告、祈求为其禳除噩梦。

82

甲骨卜辞菁华 · 梦幻篇

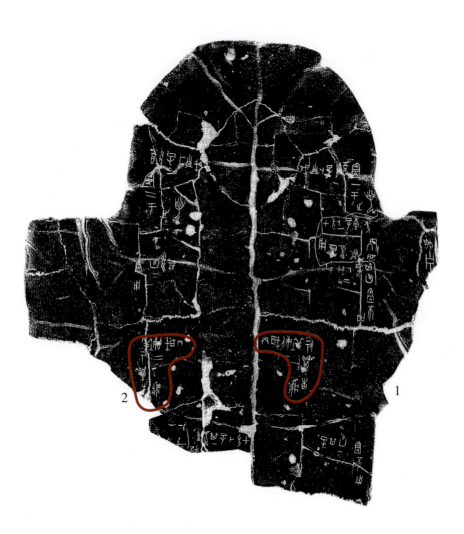

『鬼梦告于妣庚』卜辞

丙申夕卜：子有鬼梦裸告妣庚？用。

第一期

《殷墟花园庄东地甲骨》352

- -

辞语解析

1. 裸，字作"𤔲""𥂖""𥁹"等形，祭祀名。

卜辞大意

　　这是一条梦象为鬼，向妣庚祷告的卜辞。大意是，丙申日晚上占卜，子做了鬼梦，为此是否举行裸祭，并祷告于妣庚。此卜行用了。

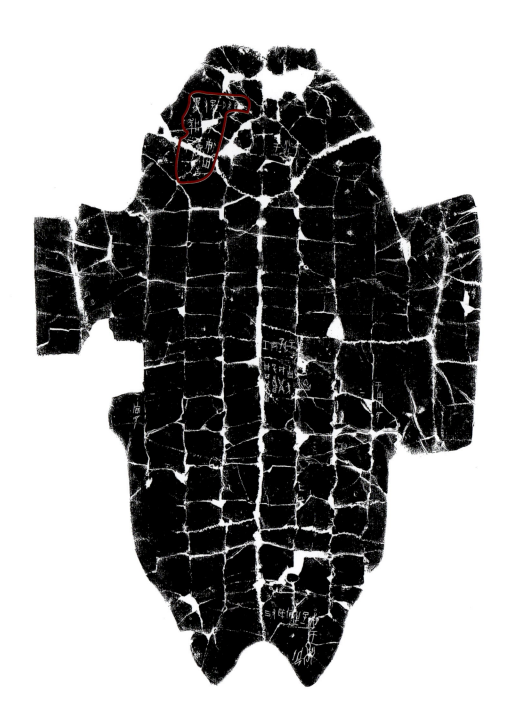

甲骨卜辞菁华 · 梦幻篇

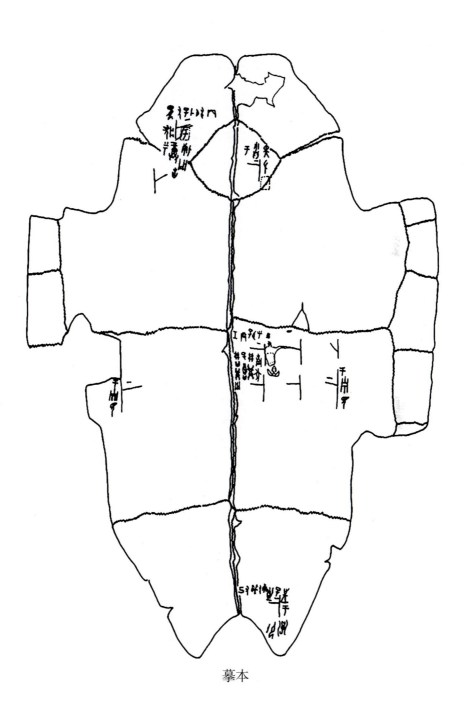

摹本

『册梦』卜辞

丙寅卜：其御，隹宁见马于癸子，叀一伐，一牛，一鬯，册梦？用。一二

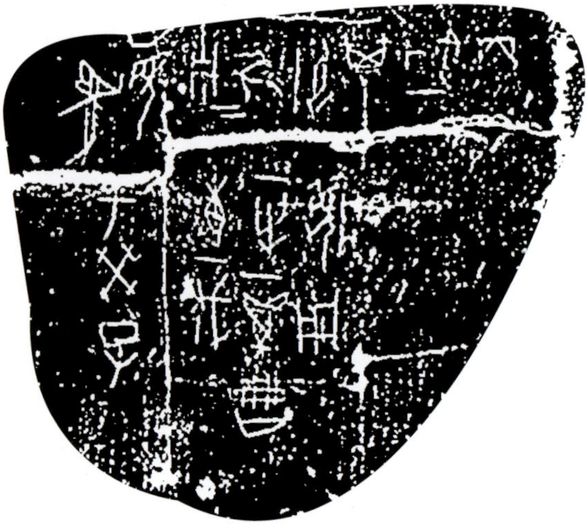

第一期

《殷墟花园庄东地甲骨》29

辞语解析

1. 御，字作“□”“□”“□”“□”等形，一种祭祀名。
2. 宁，字作“□”形。卜辞中有两种用法：一、释为官职名或者人名。李学勤认为近于亚，大意接近族。二、祭祀名。
3. 见，字作“□”形，宋镇豪释为看见，笔者认为此处取“献”的意思更符合辞意。
4. 癸子，即子癸，人名。
5. 伐，字作“□”“□”等形，卜辞中为用牲法，意为砍杀人头，也即一个伐牲。笔者认为“伐”在这里为人牲，“一伐”即为一个被砍头的人牲。
6. 册，字作“□”形，卜辞中为祭名或用牲法。作祭名时，相当于告祭。册的对象为人、鬼，祝告神灵祈求保佑，常与御祭一起进行。作用牲法时，杀牲以告。

卜辞大意

　　这是一条曾梦的卜辞。大意是丙寅日占卜，兴行御祭，宁这个人献马于子癸，是否用一伐、一头牛、一卣酒曾祭梦。此卜行用了。一二

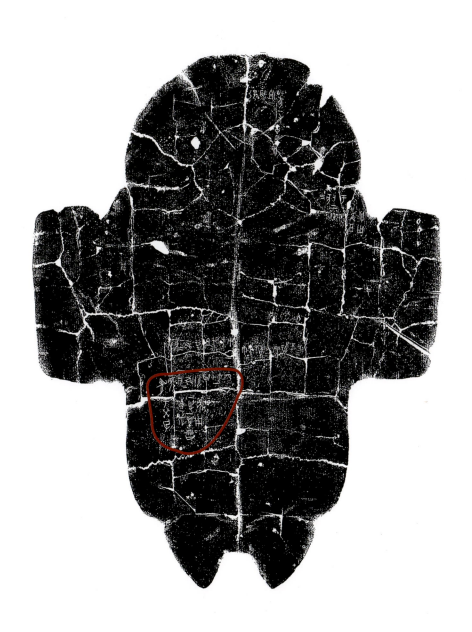

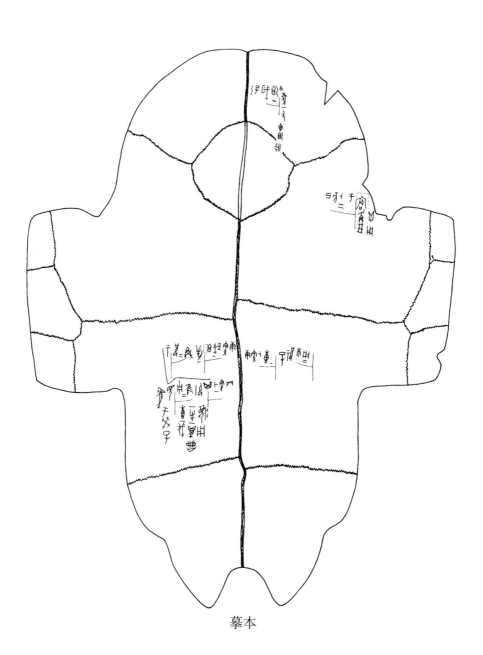

摹本

十 其他类梦象

其他梦类卜辞是所有类别中卜辞数量所占比例最大的一类，共百余条，因数量较大，且大多都属于同一类型，故在此不再一一列举，只列举其中具有代表性的辞条，详细内容如下：

『不记梦象』卜辞（1）

余有梦勿……

第一期
《甲骨文合集》17441

『不记梦象』卜辞（2）

贞……梦……

戊……夕……梦……

『不记梦象』卜辞（3）

甲骨卜辞菁华·梦幻篇

贞……梦

『不记梦象』卜辞（4）

『不记梦象』卜辞（5）

……梦……

第一期

《甲骨文合集》17477正

辞语解析

　　这类卜辞数量虽多，但大多数只有寥寥几字。关于不记梦象的卜辞因为文字过少，所以无法从中汲取出有关当时的信息。笔者猜想，造成这种情况的原因：一是可能时间太过久远，字迹被磨损掉了；二是有可能当时刻写之人认为事情不重要，所刻的字本就这么少。

『𤕝』卜辞

王占……𤕝梦……

第一期

《甲骨文合集》17484

辞语解析

1. 𤕝，目前学者尚无隶定，宋镇豪认为相当于祸或匄。笔者认为释为人名可能更符合辞意。王在为一个叫𤕝的人做的梦进行占断，此人可能是王身边极为重要的人物。

卜辞大意

这是一条关于𤕝梦的卜辞。王为一个叫𤕝的人做的梦进行占断。

96

甲骨卜辞菁华·梦幻篇

『𠂤』卜辞

……争贞：王梦，惟𠂤？

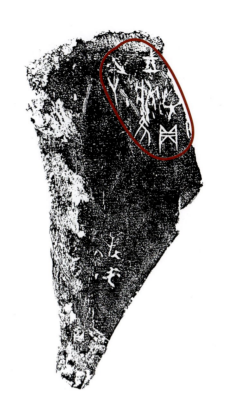

第一期

《甲骨文合集》17389

- -

辞语解析

1. 𠂤，学者无隶定。从语法角度看，𠂤字当与祸、辥等用法相同，与惟连用，置于惟之后。因不可识，故有可能为灾祸之义，也有可能为吉祥之义。

卜辞大意

　　大意是，贞人争问："王做梦了，有𠂤祸发生吗？"抑或是"有𠂤顺遂之事发生吗？"

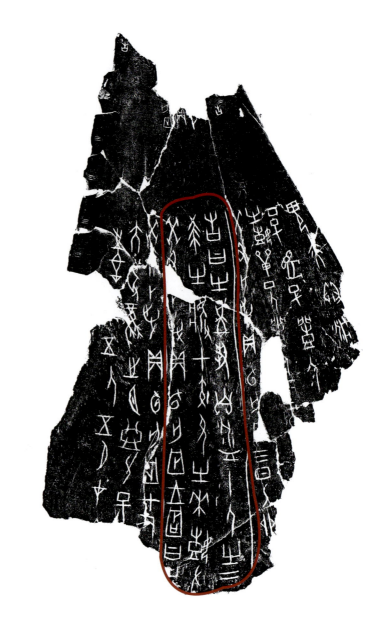

『有祟有梦』卜辞（1）

癸丑卜，争贞：旬无祸？王占曰：有祟有梦。甲寅，允有来艰。左告曰：有往匄自益十人又二。

98

甲骨卜辞菁华·梦幻篇

第一期
《甲骨文合集》137正

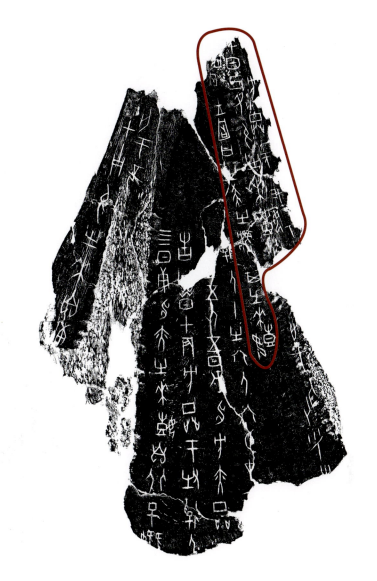

『有祟有梦』卜辞（2）

王占曰：有祟有梦，其有来艰。七日己丑，允有来艰。自……戈化呼……方征于我……

第一期

《甲骨文合集》137反

辞语解析

1. 梦，字作"𩾎""𩾎""𩾎""𩾎"等形，这两条卜辞中的"梦"字，都不是做梦的意思，同祟，为邪祟、祸害之义。

2. 𡚇，字作"𡚇""𡚇"等形，为奴隶的一种。

3. 左，为人名。

4. 益，此处作地名。

5. 化，字作"$\mathcal{I}$""$\mathcal{II}$"等形，为人名。

6. 方，卜辞中大致有两种解释：一、方国名；二、族名。笔者认为在辞（2）中二者皆可。

由上述分析可知，当时的奴隶时有反抗，不再任统治者摆布；"方"这个方国或者族可能实力非常强大，否则不会来侵犯商土，以致使商王如此紧张。

卜辞大意

辞（1）大意是，癸丑日占卜，贞人争贞问："一旬内是否有灾祸？"王占后判曰："有不祥之事。"次日甲寅，果然有祸害，左来报告说，有十二名刍奴自益地逃跑了。

辞（2）大意是，癸卯日占卜，王看了卜兆判断说有不祥之事要发生，七日后的已丑日，果然有祸害，戈化来报告……方国或者方族来征伐我们……

简称	全称
《丙》	《殷虚文字丙编》
《补编》	《甲骨文合集补编》
《粹》	《殷契粹编》
《村中南》	《殷墟小屯村中村南甲骨》
《东京》	《东京大学东洋文化研究所藏甲骨文字》
《合集》	《甲骨文合集》
《后》	《殷虚书契后编》
《花东》	《殷墟花园庄东地甲骨》
《怀特》	《怀特氏等收藏甲骨文集》
《甲》	《殷虚文字甲编》

《戬》　　　　　　　《戬寿堂所藏殷虚文字》

《菁》　　　　　　　《殷虚书契菁华》

《库》　　　　　　　《库方二氏藏甲骨卜辞》

《明藏》　　　　　　《明义士收藏甲骨文集》

《前》　　　　　　　《殷虚书契前编》

《苏德》　　　　　　《苏、德、美、日所见甲骨集》

《天理》　　　　　　《（日本）天理大学附属天理参考馆藏品·甲骨文字》

《铁》　　　　　　　《铁云藏龟》

《屯南》　　　　　　《小屯南地甲骨》

《邺初下》　　　　　《邺中片羽初集下》

《乙》　　　　　　　《殷虚文字乙编》

《佚》　　　　　　　《殷契佚存》

《英藏》　　　　　　《英国所藏甲骨集》

常玉芝：《商代周祭制度》，中国社会科学出版社，1987年。

晁福林：《夏商西周的社会变迁》，北京师范大学出版社，1996年。

晁福林：《先秦民俗史》，上海人民出版社，2001年。

陈梦家：《殷虚卜辞综述》，中华书局，1988年。

陈绍棣：《中国风俗通史·两周卷》，上海文艺出版社，2003年。

程德祺：《原始习俗与宗教信仰》，江苏教育出版社，1993年。

丁山：《释梦》，《中央研究院历史语言研究所集刊》一本二分，1930年。

丁山：《中国古代宗教与神话考》，上海文艺出版社，1988年。

（奥）弗洛伊德著，赖其万、符传孝译：《梦的解析》，作家出版社，1986年。

傅正谷：《中国梦文化》，中国社会科学出版社，1993年。

傅正谷：《中国梦文学史（先秦两汉部分）》，光明日报出版社，1993年。

郭沫若：《中国古代社会研究》，河北教育出版社，2004年。

何新：《诸神的起源》，生活·读书·新知三联书店，1986年。

胡厚宣：《殷人占梦考》，《甲骨学商史论丛·初集》，河北教育出版社，2002年。

胡厚宣主编：《甲骨文与殷商史》，上海古籍出版社，1983年。

黄天树：《殷墟王卜辞的分类与断代》，科学出版社，2007年。

贾洪波：《殷墟卜辞集合神主"示"之丛识》，《历史研究》2004年第5期。

翦伯赞：《先秦史》，北京大学出版社，1999年。

李民：《殷商社会生活史》，河南人民出版社，1993年。

李圃：《甲骨文选注》，上海古籍出版社，1989年，第6页。

李修松：《先秦史探研》，安徽大学出版社，2006年。

李学勤、彭裕商：《殷墟甲骨分期研究》，上海古籍出版社，1996年。

林河：《中国巫傩史》，花城出版社，2001年。

刘桓：《甲骨集史》，中华书局，2008年。

刘文英：《精神系统与新梦说》，南开大学出版社，1998年。

刘文英：《梦的迷信与梦的探索》，中国社会科学出版社，1989年。

刘文英：《中国古代梦书》，中华书局，1990年。

刘玉建：《中国古代龟卜文化》，广西师范大学出版社，1992年。

马伯英：《中国医学文化史》，上海人民出版社，1994年。

彭邦炯：《商史探微》，重庆出版社，1988年。

彭裕商：《殷墟甲骨断代》，中国社会科学出版社，1994年。

申洁玲：《梦文化》，中国经济出版社，1995年。

沈长云：《中国历史·先秦史》，人民出版社，2006年。

宋镇豪：《甲骨文中的梦与占梦》，《文物》2006年第6期。

宋镇豪：《夏商社会生活史》，中国社会科学出版社，1994年。

孙淼：《夏商史稿》，文物出版社，1987年。

覃光广等著：《中国少数民族宗教概览》，中央民族学院出版社，1988年。

王承祒：《试论殷代的奚、妾、及的社会身份》，《北京大学学报（人文科学）》1955年第1期。

王晖：《商周文化比较研究》，人民出版社，2000年。

王维堤：《神游华胥——中国梦文化》，上海古籍出版社，1994年。

王宇信等主编：《2004年安阳殷商文明国际学术研讨会论文集》，社会科学文献出版社，2004年。

徐旭生：《中国古史的传说时代》，文物出版社，1985年。

姚伟钧：《神秘的占梦》，广西人民出版社，2004年。

姚孝遂主编、肖丁副主编：《殷墟甲骨刻辞类纂》，中华书局影印，1989年，第1188页。

叶舒宪：《中国神话哲学》，中国社会科学出版社，2020年。

于锦绣、杨淑荣主编：《中国各民族原始宗教资料集成·考古卷》，中国社会科学出版社，1996年。

于省吾：《甲骨文字诂林》，中华书局，1996年。

詹鄞鑫：《神灵与祭祀——中国传统宗教综论》，江苏古籍出版社，1992年。

张光明：《夏商周文明研究》，中国文联出版社，1999年。

（美）张光直著，毛小雨译：《商代文明》，北京工艺美术出版社，1999年。

张鹤泉：《周代祭祀研究》，文津出版社，1993年。

张秋芳：《商代梦与选祭关系考略》，《中国典籍与文化》2018年第2期。

朱狄：《原始文化研究》，生活·读书·新知三联书店，1988年。

朱凤瀚：《商周家族形态研究》，天津古籍出版社，2004年。

朱凤瀚、徐勇编著：《先秦史研究概要》，天津教育出版社，1996年。

朱天顺：《原始宗教》，上海人民出版社，1978年。

朱天顺：《中国古代宗教初探》，上海人民出版社，1982年。

卓松盛：《中国梦文化》，（香港）三环出版社，1991年。

参考文献